Lb⁴¹ 2695

SÉANCE PUBLIQUE

DE

L'ACADÉMIE ROYALE DES SCIENCES,

INSCRIPTIONS ET BELLES-LETTRES

DE TOULOUSE,

Le 28 Août 1817,

Pour le Rapport sur les Concours et la Lecture des deux Éloges qui ont obtenu des Médailles d'encouragement;

Pour le Prix extraordinaire proposé en 1814 et destiné à l'Éloge de LOUIS XVI.

A TOULOUSE,

Chez MARIE-JOSEPH DALLES, Imprimeur de l'Académie Royale des Sciences.

1817.

DISCOURS D'OUVERTURE;

Par M. JAMME, Président.

Messieurs,

L'Académie a consacré cette journée à célébrer la mémoire du plus infortuné des Rois.

Fondée par Louis-le-bien-aimé, spécialement dévouée à la Famille des Bourbons, elle avait proposé en 1814, un Prix extraordinaire d'un Lis d'or, de valeur de 600 francs pour le meilleur Éloge de Louis XVI.

Nous nous flattions de pouvoir décerner la palme triomphale, le 21 Janvier 1815.

Jamais Concours n'avait donné de plus belles espérances, tous les rangs, toutes les classes de la société semblaient s'être réunis, pour porter autour de cette tombe révérée, le tribut de leur respect et de leur amour; mais l'offrande du sentiment et l'explosion du cœur, ne répondaient pas entiérement aux vues de l'Académie.

C'est ce qui la détermina à renvoyer au 25 Août 1816, la distribution du Prix, en permettant aux auteurs de retoucher leurs ouvrages, pour leur donner la perfection qui leur manquait.

A cette époque, l'Académie vit avec peine, que malgré les efforts du génie et de l'éloquence, les Orateurs étaient encore restés au dessous de leur sujet.

Elle désirait de transmettre à la postérité ces vertus douces, cette ame expensive, cette loyauté des premiers âges, ce calme inaltérable, cette imperturbable sérénité, cette pureté de mœurs que les vapeurs de la terre n'ont jamais altérée, cette clémence qu'aucun outrage n'a émue, qu'aucun crime n'a pu lasser, et surtout cette absolue résignation, cette énergie de l'héroïsme et du devoir, qui, en traversant toutes les horreurs de la révolution depuis le Trône jusqu'à l'échafaud, s'est montrée plus forte que l'adversité, et s'est toujours élevée au dessus du malheur, cet amour enfin pour son peuple qui ne s'est jamais démenti, cet amour si pleinement exprimé par ses dernières paroles, *Puisse mon Sang cimenter le bonheur de la France !*

On découvrait tous les jours dans les actions de LOUIS XVI, des qualités distinctives qu'on n'avait pas encore aperçues, ou qu'on n'avait pas assez approfondies; on avait recueilli et de nouveaux faits et de nouveaux monumens propres à compléter un Éloge qui exprimât les vrais caractères de la vie et de la mort de ce Monarque, objet de la vénération publique.

Pour ranimer l'émulation, et employer tous les moyens qui étaient en son pouvoir, l'Académie donna encore le même sujet, en portant la valeur du Lis à mille francs.

Elle a vu avec douleur, qu'aucun ouvrage n'était digne du Prix, et que la Fleur si chère à la France qu'elle avait destinée au talent vainqueur, ne pouvait pas signaler la pompe de cette journée; mais comme il y a plusieurs rangs dans le temple de mémoire, elle a cru ne pas devoir laisser sans récompense, deux ouvrages qui avaient attiré son attention.

Elle a substitué au Prix qu'elle avait annoncé, deux Médailles d'or, une de valeur de 300 francs accordée à M. Pech, Conseiller en la Cour Royale de cette ville, et l'autre à M. Amilhau, Avocat, en distinguant ainsi la supériorité de l'ouvrage du premier sur celui du second.

M. le Secrétaire perpétuel va, Messieurs, vous faire le rapport des deux Discours, en attendant de mettre sous vos yeux les endroits qui ont paru les plus dignes de vos suffrages.

Qu'il me soit permis d'emprunter le nom de l'Académie, pour mêler ma voix aux accens des Orateurs que vous allez entendre, en fixant un instant mes regards sur les derniers momens de la malheureuse victime des perfides mandataires que la France a désavoués.

Après l'affreuse journée du 10 août, quelle est la pensée dont son cœur magnanime est occupé ? Quel est le sentiment qui le presse ? C'est ce sentiment inséparable de son existence, c'est toujours l'amour pour son peuple.

« *Si je succombe* » écrit-il à Monsieur » *souvenez-vous, mon cher* « *Frère d'imiter Henri IV, pendant le siège de Paris, et Louis XII,* « *lorsqu'il monta sur le Trône.* »

C'est lui qui a eu le courage d'annoncer son arrêt de mort à sa famille désolée, et de ne s'arracher de ses bras, que pour aller retremper son ame dans le sein de la Divinité.

Je le vois prosterné au pied de cet autel informe qu'il lui fut permis d'élever, le dernier jour de sa vie, c'est au pied de ce même autel où l'Homme-Dieu se dépouille de sa gloire céleste, et s'immole pour la rédemption du monde, qu'il oublie qu'il a été Roi, et s'immole lui-même pour le bonheur des Français.

Comme lui il pardonne à l'égarement de ses sujets, et demande au Ciel, que son sang ne retombe pas sur eux.

Comme lui, victime expiatoire, il s'anéantit sous la main de l'Éternel, se soumet à l'accomplissement de sa volonté, se résigne à boire le calice qui lui est destiné adore les décrets de la Providence, et renouvelle le sacrifice de sa vie.

Nourri du pain des Anges, animé de l'esprit du Dieu de force qu'il vient de recevoir, il se lève ; et avec le courage des Martyrs, il ordonne aux féroces satellites qui l'entourent, de le conduire à la mort.

Le long espace qui sépare le Temple de la place fatale est parcouru, le char funèbre s'arrête, Louis monte sur l'échafaud, le Ministre qui vient de l'absoudre tombe à ses genoux, et s'écrie par une inspiration divine : *Fils de St. Louis, montez au Ciel.*

Rome a ratifié ces paroles sacrées, le Souverain Pontife s'empressa d'y mettre le sceau.

« O jour de triomphe pour LOUIS » dit-il » auquel Dieu a donné la « patience dans les grandes infortunes, et la victoire sur l'échafaud ! « nous avons la ferme confiance, qu'il a heureusement changé une « Couronne fragile de Lis qui se seraient flétris bientôt, en un Diadême « impérissable que les Anges eux-même ont tissu de Lis immortels. »

Messieurs, les temps sont accomplis, les vœux de LOUIS XVI et les nôtres sont exaucés, la Religion, les Lois et les Mœurs ont repris leurs droits et leur autorité, *Henri IV et Louis XII sont remontés sur le Trône.*

RAPPORT

Sur les trois Concours qui ont eu lieu pour l'Éloge de LOUIS XVI ;

Par M. le Baron Picot de Lapeyrouse, *Secrétaire perpétuel.*

Messieurs,

C'est au nom de l'Académie que j'ai l'honneur de vous rendre compte des trois Concours qui ont eu lieu devant elle, pour le Prix extraordinaire qu'elle avoit destiné à l'Éloge de Louis XVI, Roi de France et de Navarre.

Ses sentimens d'amour, de vénération, et de douleur pour la mémoire du plus juste et du plus infortuné de nos Rois, furent long-temps comprimés. Libre enfin de toute contrainte, et cédant à leur douce impulsion, l'Académie délibera dans sa Séance du 14 Juin 1814, de proposer un Prix extraordinaire pour un Éloge de Louis XVI. Ce Prix etait un Lis d'or d'une valeur de 600 francs.

En satisfaisant son pieux dévouement et son inébranlable fidélité, l'Académie dépassa sans doute les limites dans lesquelles ses travaux ordinaires sont circonscrits. Une profonde reconnaissance envers nos Rois à qui elle doit son existence, et qui lui conservent une protection spéciale; le souvenir d'une conduite sans reproche dans les temps les plus difficiles, (car elle n'a jamais ployé sa tête sous la verge de fer de la tyrannie) excusent assez cette louable témérité.

Cet appel au talent et à la vertu fut entendu sur tous les points de la France. Quarante-trois ouvrages furent présentés à ce premier Concours.

L'Académie, par des formes sages et régulières, assura à ses jugemens l'impartialité et la justice qu'elle devait aux auteurs et à elle-même; trois Éloges seulement soutinrent cette longue série d'épreuves, malgré sa propension à un peu d'indulgence, malgré son impatient desir de voir la palme qu'elle avait préparée, couronner les efforts d'un des athlétes; elle fut contrainte de réserver ce prix; et s'appuyant sur des espérances bien fondées, elle délibera de proposer le même sujet pour la seconde fois pour le concours de 1816.

La tâche qui m'est imposée exige que je vous présente quelques notions générales du résultat de ce premier Concours.

L'Éloge de Louis XVI est sans doute le plus beau sujet que l'Académie pût offrir aux méditations des orateurs philosophes. Mais il présente des difficultés qui ne peuvent être vaincues que par les combinaisons du génie. Les Auteurs qui ont traité ce sujet dans nos Concours, ont en général écrit la vie ou l'histoire du règne de Louis : peu se sont élevés à la hauteur de l'Éloge. Ils n'ont pas bien saisi les intentions de l'Académie; son dessein était d'élever à la mémoire de Louis XVI un monument durable, qui attestât à la postérité, la vertu, la grandeur, et l'héroïsme de ce Prince. Elle a applaudi aux talents des trois Orateurs dont elle avait reconnu la supériorité sur leurs émules. Elle a remarqué dans l'un un style correct, souvent élégant et gracieux; dans l'autre, les traits d'une imagination vive et féconde, pleine d'enthousiasme et de verve. Un troisième s'est signalé par des pensées hardies et profondes, par des mouvemens rapides et variés, qu'il a su relever encore par les attraits d'un style habilement nuancé, et presque toujours harmonieux. Pourquoi faut-il que ces beautés disséminées, dans des détails trop diffus, ou trop négligés, soient ternies ou défigurées, par des imperfections, qui en flétrissent l'éclat, et en assourdissent le charme ? A la suite d'un tableau enchanteur, plein de sentiment, de chaleur et de goût, on se heurte péniblement sur des détails inutiles, prolixes ou triviaux; on est blessé par la rencontre d'idées fausses, vagues ou puériles, rendues par des expressions ambitieuses, ou gigantesques. On y trouve avec déplaisir, des parallèles qui manquent de justesse ou de vérité, des passages entiers, dont il est impossible de démêler le sens, et les rapports, et dans lesquels les Auteurs ont jetté, avec autant de profusion que de recherche, quelques expressions pompeuses et sonores, comme pour éblouir, et subjuguer l'esprit des lecteurs.

Ces justes reproches s'appliquent plus particuliérement à celui de ces

trois

trois ouvrages, qui s'est élevé d'une manière si frappante au dessus de tous ses rivaux. Il abonde en beautés du premier ordre que le pinceau magique de l'Auteur a su y répandre avec tout l'art et le prestige de la véritable éloquence; et, tout ce qui dans cet éloge est pensé d'une manière large et profonde, est exprimé avec noblesse, et digne des beaux modèles que nos grands orateurs nous ont tracés, tandis, et cette remarque est très-singulière, que les fragments languissans ou repréhensibles sont empreints de ce néologisme moderne, qui déprave le goût, dénature notre langue, et corrompt les sources de la saine littérature.

L'honneur de ces règles dédaignées, l'esprit conservateur des bons principes, le respect que nous devons tous professer pour ceux de cette langue dont Paschal et Bossuet, Racine et Fénélon ont fixé le caractère et le génie, imposent aux sociétés littéraires le devoir rigoureux d'exercer une censure sévère sur les productions des écrivains soumises à leur jugement, lorsqu'ils ont adopté une manière d'écrire si contraire aux règles et au mécanisme de notre langue. Nous ne le dissimulons pas : l'ouvrage qui, dans le premier Concours, a le plus profondément ému l'Académie est aussi celui dont l'auteur s'est le plus laissé dominer par cette influence corruptrice; elle en a été d'autant plus péniblement affectée, qu'en admirant les beautés resplandissantes de cet Éloge, elle eût vivement désiré de le trouver exempt de ces déséspérantes imperfections.

Le second Concours, en 1816, fut moins nombreux, vingt-sept ouvrages y furent présentés. Cette fois l'Académie en admit six à un second examen. Quatre résistèrent à cette épreuve, et arrivèrent jusques au jugement définitif. Elle retrouva la même prééminence dans l'ouvrage, qui, dans le premier Concours avait obtenu de si grandes louanges, et provoqué de si graves censures. L'Auteur, il est vrai, avait châtié et perfectionné son discours, mais en faisant disparaître des erreurs et des inconvenances, il en avait gâté les endroits les mieux touchés, en plaçant des fragments très-beaux en eux-mêmes, dans une position fausse, ce qui loin de faire ressortir, et d'ajouter à l'effet des premiers, les isole, et ne leur donne ni rapport, ni liaison avec ce qui les précède ou les suit.

Les deux ouvrages qui arrivèrent avec celui-ci au jugement définitif, étaient les mêmes qui ne l'avaient pas quitté au premier Concours. L'Académie vit que leurs Auteurs n'avaient pas été indociles : elle reconnut facilement les corrections qu'ils avaient faites, mais toutes ne l'avaient pas été avec le même discernement, ni le même succès : en général, ils n'avaient pas assez tranché dans le vif.

L'Académie fut donc obligée de déclarer, qu'aucun des Éloges présentés à ce second Concours, n'avait atteint le but, ni mérité le Lis offert au vainqueur. Mais fondant de nouveau ses espérances sur les talents supérieurs dont quelques orateurs avaient fait preuve en parcourant cette lice, elle se décida à proposer pour la troisième fois l'Éloge de Louis XVI, pour sujet d'un Prix extraordinaire, et à porter à 1000 francs la valeur du Lis d'or.

Ces précautions n'ont point obtenu le succès que l'Académie avait droit d'en attendre. Ce troisième Concours s'est ouvert cette année sous des auspices bien moins favorables que ceux qui l'ont précédé. Douze ouvrages ont été inscrits. Dans le premier examen l'Académie en a rejetté dix, deux ont mérité d'en subir un second. Elle n'a pas tardé de s'apercevoir que l'ouvrage qui lui avait inspiré de si justes espérances, qui lui avait décélé un orateur habile, doué de toutes les ressources, de toute la magie de l'éloquence était disparu sans retour. Forcée de se renfermer dans le cercle étroit des ouvrages qu'elle avait reçus ; fidèle à ses principes, et aux intentions qu'elle avait manifestées, l'Académie n'a pu, sans les violer ou mentir à sa propre conscience, poser la couronne sur le front d'aucun des concurrens. Elle a donc décidé à l'unanimité qu'aucun des Éloges n'était digne du Prix.

Elle a acquis en même-temps la conviction, que le zèle des Auteurs s'était refroidi, que tous avaient donné la mesure de leurs forces, que de nouveaux efforts de leur part, étaient peut-être impossibles ; et elle a pensé que s'il ne lui était pas permis d'adjuger le Prix, il était de son devoir d'honorer le talent, de l'encourager, et de signaler les orateurs qui, restés à une trop grande distance du but, s'en étaient néanmoins rapprochés le plus près ; elle a considéré encore, que deux discours avaient mérité, dans les trois Concours, l'honneur d'un second examen, qu'ils en avaient soutenu l'épreuve, qu'ils s'étaient constamment maintenus au premier rang, et que les imperfections qu'elle avait reprises étaient compensées par les traits saillants, les beautés nombreuses, qui y sont répandues. L'Académie a donc résolu d'accorder à titre d'encouragement deux Médailles d'or, aux Auteurs des Éloges n.° 6 et n.° 12. Elle se doit à elle-même de faire connaître les principaux motifs qui lui ont dicté ce jugement.

L'exorde du n.° 6 prévient favorablement le lecteur et inspire de l'intérêt. Il annonce sans effort, un plan sagement conçu. Le début et la plus grande portion de la première Partie sont pensés et écrits avec grace et facilité. On est surtout charmé par le naturel et l'agrément des transitions. L'Auteur se soutient et mérite des louanges jusques vers la fin de cette partie. Mais lorsqu'il arrive à la sanglante journée du 6 Octobre il languit, il porte péniblement le fardeau qu'il s'est imposé. La seconde Partie n'est pas assez en harmonie avec la première. Les grandes époques qui ont signalé la fin tragique du règne de LOUIS XVI, ne répondent pas au récit des événemens qui les ont précédés, ni à la hauteur du sujet. Le style de ce discours est en général clair et facile. Peut-être n'est-il pas assez varié. Ses phrases souvent élégantes, sont quelquefois trop hâchées. Des inversions trop fortes amènent souvent l'obscurité. Au milieu de ces taches diverses, on voit percer le talent de l'Orateur : on est touché par la suavité de sa manière, on se plaît à la lecture de cet ouvrage parce qu'il démontre dans son auteur un jugement sain, un esprit droit, un caractère noble, une ame riche en sentimens généreux.

Le n.° 12 a un autre faire et présente une trempe d'esprit presqu'opposée. On n'y voit point l'annonce d'un plan, l'auteur n'en suit d'autre que les époques chronologiques du règne du Roi martyr. Après un exorde noble et court, il retrace rapidement ce que LOUIS a fait de grand et d'utile, dès son avénement au Trône pour le bonheur, et la gloire de son Royaume. Les statues qu'il éleva aux Grands-Hommes, amènent les portraits rapides des Guerriers, des Savans, des Hommes d'État, que la France peut offrir pour modèle aux autres Nations..... Les dispositions du voyage du célèbre La Pérouse tracées par la main de LOUIS XVI, ce voyage lui-même, les infortunes qui l'ont suivi, le rapprochement qu'elles offrent n'ont point échappé à l'auteur.... Lui seul parmi ses rivaux, a peint avec un charme inimitable, avec des traits dignes de l'Albane, l'Institution des Sourds-Muets, celle des Enfans-trouvés, l'amélioration du régime sanitaire et moral des Prisons..... La guerre d'Amérique et son influence.... Les avant-coureurs des États-Généraux, les hommes qui y prirent une grande part, ceux qui furent successivement chargés à cette époque de l'administration des Finances, sont peints, avec autant d'énergie que de vérité. Il n'en est pas de même des événemens qui se succédèrent jusques aux dernières infortunes de LOUIS XVI. Les pensées sont toujours justes, les rapprochemens bien saisis, mais la couleur en est terne, l'expression languissante.... L'auteur se relève ensuite. On est touché on est ému lorsqu'on contemple ce bon Prince consacrant ses loisirs dans sa prison à l'instruction de son fils. S'il lui donne des leçons de l'histoire de France, l'auteur saisit ses pinceaux et dessine d'une manière large, mais peut-être hors de place, les grands Rois de la famille des Bourbons..... l'héroïque dévouement des défenseurs de LOUIS..... les portraits hideux des chefs de la faction Régicide, la condamnation du Roi, la situation affreuse de la Reine, de ses enfans, de sa sœur.... l'esprit surnaturel de Religion du Monarque..... sa grande ame dans ses derniers momens....!. la célébration des Saints Mystères dans sa prison..... la mort du Roi-martyr, sont amenés avec autant d'art que de sensibilité..,.. la péroraison a été adaptée au rétablissement du Trône légitime ; l'idée en est heureuse, mais elle a paru beaucoup trop longue.

En résultat l'auteur est doué d'une imagination brillante et féconde; son style énergique et harmonieux prouve qu'il s'est nourri de l'étude des grands modèles, et qu'il a sucé leurs principes. On lui a reproché, d'avoir écrit l'histoire de la vie et du règne de LOUIS XVI et non pas son éloge. On ne lui conteste pas un véritable talent, mais on lui désirerait celui qui est propre aux maîtres de l'éloquence, qui consiste à savoir groupper ses tableaux et masser les principaux traits. Les portraits, qui surabondent dans ce Discours, sont touchés en général d'une main ferme; mais tous n'appartiennent pas au sujet, et ils ont donné lieu de les regarder comme une galerie.

Telle est la part des louanges et des critiques que l'Académie a faites à chacun de ces deux ouvrages. La lecture des principaux fragmens de l'un et de l'autre qui va être faite dans cette séance, facilitera bien plus, Messieurs, votre jugement que l'analyse succincte que nous venons de vous en présenter : il a paru à l'Académie que le n.º 12 se distinguait principalement par la fécondité de l'imagination, la noblesse des pensées, l'art de les exprimer. Le n.º 6 a plus d'unité dans ses vues, plus d'ensemble et de méthode dans sa marche ; son plan est sagement conçu, et l'auteur qui ne s'en est point écarté, y a développé une sensibilité entraînante. Tels sont les motifs qui ont déterminé l'Académie à leur adjuger à titre d'encouragement une première Médaille d'or de la valeur de 300 f., et une seconde, d'une valeur de 200 f. au n.º 12.

L'auteur de l'Éloge de Louis XVI, inscrit sous le n.º 6, qui porte pour devise :

« Je vois que des Bourbons le Sang est adoré,
« Tôt ou tard il faudra que de ce tronc sacré
« Les rameaux divisés et courbés par l'orage,
« Plus unis et plus beaux, soient notre unique ombrage.

est M. PECH, Conseiller à la Cour Royale de Toulouse.

M. AMILHAU, fils, Avocat à la Cour Royale de cette ville, est auteur de l'Éloge inscrit sous le n.º 12. Il porte pour épigraphe :

« Dans cette mer orageuse qu'on appelle la vie, il n'y a d'autre port assuré
« que la mort. Mettez donc des bornes aux regrets que cause la perte de celui
« que nous avons tant pleuré..... Il jouit maintenant d'un Ciel pur..... Il est
« souverainement heureux. » SÉNÈQUE.

M. l'Abbé JAMME a fait la lecture de plusieurs fragments du Discours de M. PECH, et M. DUCASSE, fils, de celui de M. AMILHAU.

La Séance a été terminée par la distribution du Programme des Sujets de Prix proposés par l'Académie pour les années 1818, 1819, et 1820.

SUJETS DE PRIX

Proposés par l'Académie Royale des Sciences, Inscriptions et Belles-Lettres de Toulouse, pour les années 1818, 1819 et 1820.

L'ACADÉMIE avait proposé pour le sujet du Prix qu'elle devait adjuger en 1817, la question suivante : *Quel a été l'état des sciences, des lettres et des beaux arts depuis le commencement du règne de Charlemagne, jusqu'à la fin de celui de St. Louis, dans les contrées qui formèrent la Province de Languedoc.*

L'Académie n'ayant point reçu de mémoire sur cette question, la propose en ces termes pour l'année 1820 : *Quel a été l'état des sciences, des lettres et des beaux arts depuis le commencement du $8.^{me}$ siècle jusqu'à la fin du $13.^{me}$, dans les contrées méridionales de la France.*

Le Prix sera une Médaille d'or de la valeur de 500 f.

Elle avait proposé pour 1816, la question suivante : *Déterminer les effets produits sur un cours d'eau par la construction d'un barrage moins élevé que les bords de son lit; et donner des formules qui expriment ces effets, et desquelles on puisse déduire, $1.°$ La longueur du regonflement produit par la digue dans la partie supérieure du cours. $2.°$ La courbure longitudinale de la surface de l'eau dans ce regonflement. $3.°$ La section de la tranche d'eau passant sur la digue, et celle de toute autre tranche transversale prise entre la digue et la partie supérieure du regonflement.*

On peut, pour simplifier la question; supposer, $1.°$ Que la longueur du cours est indéfinie; $2.°$ Que les sections transversales de son lit sont constantes; $3.°$ Que l'axe de ce lit est une ligne droite, et par conséquent que sa pente est uniforme.

L'Académie n'ayant point reçu de Mémoire sur cette question, ce sujet est donné de nouveau pour l'année 1819.

Le Prix sera une Médaille d'or de la valeur de 1000 f.

Elle avait demandé pour 1815, *d'assigner d'après des caractères physiques et chimiques, la nature du* Diabetès, *et celle du Flux* Cæliaque; *de rechercher s'il existe quelqu'analogie entre ces deux Maladies, d'indiquer les signes qui annoncent leur imminence, les moyens de les prévenir, et les remèdes propres à les combattre.*

Les Mémoires qu'elle reçut n'ayant pas rempli son attente, ce sujet a été renvoyé à l'année 1818.

Le Prix sera une Médaille d'or de la valeur de 1000 f.

Les Savans de tous les pays sont invités à travailler sur les sujets proposés. Les Membres de l'Académie, à l'exception des Associés étrangers, sont exclus du concours.

Les Auteurs sont priés d'écrire en Français ou en Latin, et de faire remettre une copie bien lisible de leurs ouvrages.

Ils écriront au bas une sentence ou devise, et joindront un billet séparé et cacheté portant la même sentence, et renfermant leur nom, leurs qualités et leur demeure.

Ils adresseront les lettres et paquets francs de port à M. le Baron Picot de Lapeyrouse, Chevalier de l'Ordre Royal de la Légion d'Honneur, Associé correspondant de l'Académie des Sciences de Paris, Secrétaire perpétuel de l'Académie; on les lui feront remettre par quelque personne domiciliée à Toulouse.

Les Mémoires ne seront reçus que jusqu'au premier Mai de chacune des années pour lesquelles le concours est ouvert. Ce terme est de rigueur.

L'Académie proclamera dans son Assemblée publique du mois d'Août la pièce qu'elle aura couronnée.

Si l'Auteur ne se présente pas lui-même, Monsieur le Trésorier de l'Académie ne délivrera le Prix, qu'au porteur d'une procuration de sa part.

L'Académie, qui ne prescrit aucun système, déclare aussi qu'elle n'entend pas adopter les principes des ouvrages qu'elle couronnera.

www.ingramcontent.com/pod-product-compliance
Lightning Source LLC
Chambersburg PA
CBHW060452050426
42451CB00014B/3290